Essa obra é um  minha família...
Trabalho desenvolvido por mim
e com prazer venho trazer ao
público.
Antes de começar, trago essa
breve reflexão.

Convido a todos lerem minha obra e espero gostarem.
Vale à pena e trago poesias escritas por mim que nos traz entretenimento e faz pensar das preciosidades da vida.
Certamente é um livro recomendado para toda a família.

ABC
DEF
GHI
JLM
NOP
QRS
TUV
XZ

POESIA

POESIA

POESIA

Introdução

Mais um dia começa e logo se despede o dia passado.
É com desconto de felicidade que eu me agrado em dizer isso.
Longa mensagem de poesias a que pretendo trazer aqui hoje.
Então vamos lá começar.
Temos muito trabalho a fazer daqui em diante.

Curta Bem

Curtir a vida, relaxar,
espreguiçar.
Ficar leve.
Doe-se para a vida.
Relaxe um pouco e reflita.
Quando o cansaço bater,
pense em coisas boas e
atraentes.
Coma e beba o quê precisar,
sem excessos.

Aprenda o certo e deixa o errado de lado.

Acolhe o bom conselho e viverás.

Curta com os amigos, isso é muito bom.

Curta sozinho. É essencial ficar em paz e sossego para relaxar.

Plante uma planta que produza frutos e terá uma fonte de sustento para colher.

Durma para descansar do trabalho.

Já realizou uma boa ação hoje?

A juventude abranda a alma dos mancebos.

Que bom viver na flor da idade e considerar aquela que é bela para te casar.

Aceita ela enquanto há tempo.

Tomara que não venha outro príncipe tomar para si a sua amada.

Não queres tu viver a disputa.

De todos os assuntos dessa vida o mais importante para mim é o amor.

É chegada a primavera.

Os que observam as flores atentamente, sentem seu puro cheiro e percebem como ninguém a sua beleza.

Todo bom perfume é suave para a pele.

Alguns, eficazes até contra feridas.

Disso tudo privilegiados são os beija- flores que vivem na natureza e podem brincar diretamente com as lindas flores.
Como é divertido brincar com as palavras.
Cada uma com um tom de significado.
E é para isso que serve um poeta, para compreender as palavras.

E como eu disse. Brincar com elas.

Com as palavras.

Tudo isso faz parte do nosso aproveitar a vida.

E muito mais...

Além disso me alegro de escrever essa linda poesia.
Linda seja a natureza, um bem infindável.
É como o céu azul.
E as rosa dos ventos lindas e belas.
Feitas para orientar pessoas nos pontos cardeais.

A engenhoca dos marinheiros em seus barcos.
Algo que nos orienta na vida.
Se alguém deseja orientar- se no caminho uma coisa aconselhável é a rosa dos ventos.

Quando amamos somos leves
igual aos pássaros.
Quando dormimos somos
suaves como as borboletas.
Se vivemos bem, damos graças
a Deus por isso.
Se vivemos mal, não há graça
para se alegrar porém,
após uma longa noite de
escuro vêm um lindo
amanhecer.

Há quem diga que o doce amor é lindo como uma flor. No entanto, vou ir mais além e me aventurar em falar do amor como uma grande arte. Aonde está a alma de um artista.

Este, por sua vez, consegue enxergar as coisas de um modo diferente das outras pessoas.

Um artista pensa em seus contos, fábulas enquanto acordado e sonha em suas crônicas dormindo.

Depois da primavera é chegado o verão.
Uma bela estação...
Estação dos surfistas.
Estação das chuvas de final de tarde.
Estação de quem curte ir à praia e ver o lindo azul do céu.
Estação dos comedores de sorvetes.
À partir daí se enxerga bem um girassol.
E também um pequeno pássaro.

Nas altas ondas das marés é que vamos nos arriscar a ver de longe.

Usufruir de um bonito dia.

Gozar do melhor pôr-do-sol.

Entender como funciona a natureza.

Pescar, sorrir e beber água de coco.

Soltar pipa, andar de skate, jogar bola.

O verão é como uma canção...

A Relação com o Tempo

Tempo, tempo, tempo...
Que coisa é o tempo...
Tempo para nascer.
Tempo para crescer.
Tempo para amadurecer.
Tempo para reproduzir.
Tempo para envelhecer.
Tempo para morrer.
A nossa vida é um tempo.
E tudo nessa vida funciona em função dele.

O tempo é tudo.
E ao mesmo tempo o tempo não
é nada.
Tempo de acordar e tomar café.
Tempo para se preparar para
mais um dia de escola.
E mais um dia de trabalho.
Quanto tempo temos até
realizarmos tudo o quê
precisamos?
A vida é um tempo.
E quanto tempo ainda
precisaremos para resolver
nossos problemas?

Espero que o tempo não vire um problema e consigamos resolver nossas pendências à tempo.
Afinal, tudo, de certa forma faz parte do tempo.
Tempo para acordar.
Tempo para dormir.
Tempo para errar.
Tempo para acertar.
Tempo para rir.
Tempo para chorar.

Será que tempo têm idade?
Ou forma?
Bom, isso eu não sei.
Mas sei que o tempo é eterno.
E nos leva até o infinito.
Nós não vemos o tempo.
Nem mesmo o assistimos.
Somente o vemos quando
olhamos para o relógio.
Ali vemos e tempo
representado sob a forma de
números e símbolos.
Só que essa é apenas uma
representação e não uma

forma real do tempo.

O tempo numericamente representado é somente uma ideia de algo que apenas sentimos.

Não dá para vê- lo.

Percebemos o tempo assim como sentimos o vento que também não têm forma.

O tempo é maior que a profundidade.

Bom, a quanto tempo estou aqui decifrando a palavra tempo desde que comecei esse capítulo?

E quantas vezes nesse falei a palavra dentro desse tempo?
Bem, não sei... Ah sei sim...
Foram 39 vezes que falei essa palavra desde o início deste capítulo.
Não, não me desculpe... Foram 40 vezes...
Se quiser pode contar, mas conte bem devagar para não errar e pensar que pus o número de vezes errado, hein.
Bom. Tudo certo então...

E então assim podemos entender um pouco mais os momentos que passamos.
Isso faz parte da vida.
É poesia.
Enxurrada de bons momentos.
Eu quero ser um sonhador.

FIM...

CPSIA information can be obtained
at www.ICGtesting.com
Printed in the USA
LVHW050738150419
614196LV00018B/714